Wie geht es dir?

Oft fragen wir andere: »Wie geht es dir?« oder »Wie geht es gesundheitlich?« oder »Wie geht es in der Familie, mit den Kindern, in der Firma?« Manche antworten dann: »Ich bin zufrieden.« Das kann bedeuten: Es geht mir nicht ganz gut. Ich kann nicht sagen: Alles ist bestens. Aber ich bin zufrieden mit dem, was ist. Ich habe meinen inneren Frieden mit meinem Leben gemacht.

Ich möchte in diesem Büchlein über verschiedene Aspekte von Zufriedenheit nachdenken und nach ihren Ursachen und Voraussetzungen fragen. Die Zufriedenheit ist eng verwandt mit Glück. Wir sind glücklich, wenn wir zufrieden sind, wenn wir im Einklang stehen mit uns und unserem Leben. Eine andere Haltung ist die Genügsamkeit. Wer genügsam ist, der ist auch zufrieden mit seinem Leben. Er hat keine übertriebenen Ansprüche. Zur Genügsamkeit gehört auch die Einfachheit. Der Genügsame ist mit einem einfachen

Leben zufrieden. Einfach leben, mit dem zufrieden sein, was sich mir anbietet, aufhören, nach immer mehr zu streben, das ist sicher ebenfalls ein guter Weg zum Glück, das wir in den kleinen Dingen finden. Und Zufriedenheit kommt der Haltung der Dankbarkeit nahe. Wer dankbar für das ist, was ihm Gott geschenkt hat, wer dankbar ist für den heutigen Tag, der ist auch zufrieden in seinem Leben.

Vom Glück des inneren Friedens

Das Wort Zufriedenheit hat in seiner Wurzel mit dem Wort Frieden zu tun. Das deutsche Wort »Frieden« gehört zur Wortfamilie »frei« und stammt aus der indogermanischen Sprachwurzel »prai«, was »schützen, schonen, gernhaben, lieben« bedeutet. Frei ist der Mensch, der geschont wird, der Freund, den man gernhat, den man liebt. Frieden meint dann den geschützten Raum, in dem freie Menschen miteinander als Freunde umgehen und einander mit Wohlwollen begegnen.

Frieden, so sagt uns die deutsche Sprache, gibt es nicht ohne Liebe. Nur wenn wir einander lieben, können wir in Frieden leben. Das gilt auch für den inneren Frieden. Wir sind mit uns selbst im Frieden, wenn wir uns schonen, anstatt uns ständig zu bewerten und zu beurteilen. Und wir kommen in Frieden mit uns selbst, wenn wir freundlich und wohlwollend mit uns selbst umgehen und wenn wir uns frei fühlen.

Solange wir beherrscht werden von unseren Bedürfnissen, solange wir uns ärgern über uns selbst und über unsere Schwächen, können wir keinen inneren Frieden finden.

Frieden heißt – wenn wir die deutsche Bedeutung ernst nehmen –, dass in dem geschützten Raum unserer Seele und unseres Leibes alles sein darf. Alles gehört zu uns. Aber es beherrscht uns nicht. Alles, was wir in uns sein lassen, ermöglicht uns ein Leben in Freiheit. Wir stehen nicht unter dem Druck, uns in eine bestimmte Form hineinzuzwingen. Wir schauen frei auf alles, was in uns ist. Und wir schonen, verschonen es, wir bewerten es nicht.

In Einklang mit
mir und der Welt

Das griechische Wort für Frieden, »eirene«, kommt aus einem anderen Bereich, nämlich der Musik, und meint die Harmonie, das Zusammenklingen der verschiedenen Töne. Das ist auch ein schönes Bild für den inneren Frieden: Wenn wir die lauten und leisen, die hohen und tiefen, die schrägen und die schönen Töne miteinander zusammenklingen lassen, dann kommen wir in Einklang mit uns selbst. Und wenn wir im Einklang sind mit uns selbst, kommen wir auch zu einem Zusammenklang mit anderen Menschen. Dann kann Friede mit anderen Menschen werden.

Wenn wir die vielen Töne in uns zusammenklingen lassen, dann sind wir zufrieden mit uns selbst, mit dem inneren Klang. Es muss kein perfekter Klang sein, sondern einer, der alles in uns erklingen lässt, damit alles zusammenklingt.

Der Begriff »eirene« bedeutet im Griechischen aber noch mehr: Es ist die Bezeichnung für eine der drei Horen – Göttinnen, die die Stunden unseres Lebens prägen sollen. Dahinter steht also das Bild, dass der Friede in uns auch der göttlichen Hilfe bedarf.

Wir sollen darauf vertrauen, dass Gott alles, was in uns ist und was wir oft nicht zusammenbringen, in Einklang bringt. Wir bitten Gott gleichsam als den Dirigenten, dass er die vielen Töne in uns zusammenklingen lässt, damit ein Wohlklang für alle Zuhörer entsteht.

Ein Friedensschluss
widerstreitender Mächte

Jesus hat zum inneren Frieden ein schönes Gleichnis erzählt: »Wenn ein König gegen einen anderen in den Krieg zieht, setzt er sich dann nicht zuerst hin und überlegt, ob er sich mit seinen zehntausend Mann dem entgegenstellen kann, der mit zwanzigtausend gegen ihn anrückt? Kann er es nicht, dann schickt er eine Gesandtschaft, solange der andere noch weit weg ist, und bittet um Frieden« (vgl. Lukas 14,31f).

Das Gleichnis können wir auf unsere innere Situation hin auslegen: Wir kämpfen oft gegen unsere Fehler und Schwächen. Sie stören uns, sie stellen das Bild infrage, das wir von uns selbst haben. Wir möchten gern voller Selbstvertrauen sein, wir möchten nicht so empfindlich reagieren auf manche Kritik, mehr Selbstdisziplin haben. Wir ärgern uns, wenn wir zu viel essen oder trinken, wenn wir zu viel über andere reden. Wir nehmen uns dann vor, diese Fehler zu überwinden.

Doch oft ist es ein vergeblicher Kampf. Wir haben die feste Vorstellung, dass wir möglichst fehlerfrei sind. Doch das Ringen um diese Fehlerfreiheit führt dazu, dass wir unzufrieden sind mit uns selbst. Denn wir spüren, dass sich die Fehler nicht einfach ausradieren lassen.

Ich erlebe viele Menschen, die mit sich nicht zufrieden sind, weil sie dem Bild nicht entsprechen, das sie sich von sich selbst gemacht haben. Sie meinen, sie könnten alle Schwächen durch ihre Disziplin oder durch ihre Spiritualität überwinden. Doch dann wird es ein vergeblicher Kampf. Doch sie wollen nicht wahrhaben, dass sie in ihrem Kampf gegen ihre Schattenseiten, gegen ihre Schwächen unterlegen sind.

Als ich ins Kloster eingetreten bin, dachte ich, ich könnte mit »meinen zehntausend Soldaten«, mit meiner Willenskraft, meinem Ehrgeiz, meiner Disziplin alle meine Fehler nach und nach überwinden. Doch schon nach zwei Jahren bin ich sehr unsanft auf die Nase gefallen. Da spürte ich, dass ich nie Herr werde über meine Schwächen. Ich muss mich aussöhnen mit ihnen. Nur so kann ich in Frieden mit mir kommen. Nur dann hören meine Schwächen auf, gegen mich zu kämpfen. Sie sind da, ohne Macht über mich zu gewinnen. Ich lasse sie da, weiß um sie. Aber sie beherrschen mich nicht. Wenn ich nicht über sie herrschen will, hören auch sie auf, mich zu bekämpfen. Es entsteht ein Friedensvertrag, der mich befreit von dem ständigen Kampf gegen mich selbst.

Wenn ich im Bild des Gleichnisses bleibe, kann ich sagen: Wenn ich mit meinen inneren Feinden Frieden schließe, dann habe ich statt zehntausend Soldaten nun dreißigtausend zur Verfügung. Meine Kräfte und Fähigkeiten vermehren sich. Und mein Land, in dem ich lebe, wird größer. Mein Herz weitet sich und auch mein Blickwinkel wird größer und weiter.

Genügsam vergnügt

Die deutschen Wörter »genug« und »genügsam« hängen von der Bedeutung her zusammen mit »etwas erreichen, erlangen«. Wer genügsam ist, wer sich mit Wenigem begnügt, der ist auch vergnügt, der findet darin sein Vergnügen. Wer nie genug hat, kann sich nicht vergnügen. Das Vergnügen hat offensichtlich mit dem »Genügsamsein« zu tun. Ich vergnüge mich, wenn mir das, was ich gerade erlebe, genug ist.

Es entspricht der Weisheit vor allem der stoischen Philosophie, dass der Weise mit Wenigem zufrieden ist. Die Stoiker loben das einfache Leben, den einfachen Lebensstil. Der ist heute für viele Menschen, die bewusst leben, selbstverständlich geworden. Es ist kein Zeichen von Armut oder Einfallslosigkeit. Vielmehr hat ihr einfaches Leben eine eigene Qualität. Ihre anspruchslose Schlichtheit führt zur Zufriedenheit, zu einer Schönheit und Klarheit in ihrem Leben.

Von diesem einfachen Leben sagt Jean Paul: »Man kann die seligsten Tage haben, ohne etwas anderes dazu zu gebrauchen als blauen Himmel und grüne Frühlingserde.« Einfachheit hat für Jean Paul mit Seligkeit zu tun. Wer den blauen Himmel und die grüne Frühlingserde genießen kann, für den ist die einfache Lebensweise ein Weg zum wahren Glück.

Die Welt gehört dir

Lao Tse, der große chinesische Weise, hat die einfache Lebensweise als Anspruchslosigkeit und Genügsamkeit im Blick, wenn er schreibt: »Wenn du erkennst, dass es dir an nichts fehlt, gehört dir die ganze Welt.«

Wenn ich genug habe an dem, was mir Gott geschenkt hat, an meinem Leib und meiner Seele, an den Menschen, mit denen ich lebe, und an den Dingen, die ich besitze, dann gehört mir die ganze Welt. Ich bin einverstanden mit der Welt und so bin ich auch eins mit ihr. Und wenn ich eins mit der Welt bin, dann gehört sie mir.

In dem einen Augenblick, in dem ich achtsam durch den Wald gehe und den Duft der Bäume rieche, bin ich eins mit der ganzen Welt und letztlich eins mit dem Schöpfer des Alls. Und in diesem Augenblick habe ich das Gefühl: Alles gehört mir. Alles ist auch für mich da, mir gegeben von Gott, der auch mich geschaffen und mich mit seinem Geist erfüllt hat.

Einfach leben

In manchen Zeiten der Weltgeschichte war das einfache Leben die Kultur geschlossener Gemeinschaften, nicht nur der Klöster, sondern auch ganzer Staaten wie Sparta und das alte Preußen. Oft war es vor allem eine Antwort auf die Zivilisation, die sich immer mehr von der Natur entfernte.

Das einfache Leben ist auch ein Protest gegen den Kapitalismus, der von der Philosophie des »Immer-Mehr« geprägt ist, und ein Zeichen gegen die Ressourcenverschwendung. Die Sehnsucht nach dem einfachen Leben entspringt häufig auch der Überforderung durch die zunehmende Komplexität des Lebens. Angesichts der totalen Informationswelt möchte man aussteigen aus dem Hamsterrad, immer über alles informiert sein zu müssen. Man möchte wieder das einfache Leben, in dem man selbst lebt, anstatt von ständigen Informationen überschwemmt und fremdgesteuert zu werden.

Dein Wille geschehe

Zufriedenheit kommt für mich aus der Vaterunser-Bitte: »Dein Wille geschehe!« Für viele ist diese Bitte eine Überforderung. Sie denken sofort daran, dass Gottes Wille ihre eigenen Lebenspläne durchkreuzt. Oder sie können diese Bitte nicht mehr aussprechen, wenn ein lieber Mensch gestorben ist, um dessen Gesundheit sie so sehr gebetet haben.

»Dein Wille geschehe« heißt für mich: Ich bin einverstanden mit dem, was mir Gott zutraut und zumutet. Ich freue mich an meiner Gesundheit. Aber ich vertraue auch darauf, dass ich nicht aus dem inneren Frieden herausfalle, wenn ich krank werde. Auch darin kann Gottes Wille mir begegnen und mich herausfordern, innerlich zu wachsen, mich zu fragen, woher ich mich definiere: nur von meiner Gesundheit und Kraft oder aus meiner Beziehung zu Gott.

Das Glück schmecken

Die Weisen aller Religionen und Kulturen sprechen davon, dass wir mit Wenigem zufrieden sein sollen. Darin besteht die Kunst des Lebens. Doch das ist keine resignierte Haltung. Ich bin nicht mit Wenigem zufrieden, weil ich mir gar nicht zutraue, Erfolg zu haben oder so viel zu verdienen, dass ich mir etwas leisten kann. Ich bin vielmehr zufrieden, weil ich vieles nicht brauche. Die Zufriedenheit ist also Kennzeichen innerer Freiheit.

Ich bin zufrieden mit dem Wasser, das ich trinke, mit dem Brot, das ich esse. Doch das bin ich nur dann, wenn ich das Wasser wirklich genieße, wenn ich es achtsam trinke und spüre, wie es meinen Durst löscht, wie beglückend es ist, frisches klares Wasser zu trinken. Und ich werde mit dem Brot nur dann zufrieden sein, wenn ich es schmecke und den Geschmack genieße.

Kleine Geschenke

Der dankbare Mensch erkennt in jedem Augenblick die Geschenke, die Gott ihm darbietet: das Lächeln eines Menschen, eine gute Begegnung, ein erfreuliches Gespräch, das Aufblühen einer Rose, die leuchtenden Farben der herbstlichen Blätter an den Bäumen, die Sonne, die scheint, die Möglichkeit, heute etwas zu tun, anderen Menschen zu helfen, andere aufzurichten.

Es geht darum, die Dankbarkeit zu üben. Es geht darum, sich darin zu üben, immer wieder innezuhalten und wahrzunehmen, was dieser Augenblick mir sagt, und dann dankbar darauf zu reagieren. Wenn ich die Dankbarkeit einübe, dann wird sich mein Leben verwandeln. Dann gilt: »Ich bin nicht dankbar, weil ich glücklich bin, sondern ich bin glücklich, weil ich dankbar bin.«

Die Dankbarkeit verwandelt auch Traurigkeit und Niedergeschlagenheit. Albert Schweitzer

meinte einmal, gerade dann, wenn es mir nicht so gut geht, sollte ich etwas suchen, wofür ich dankbar sein kann. Und es gibt immer etwas!

»An dem Tag, an dem wir bewusst ›Danke‹ sagen, haben wir den Zauberstaub gewonnen, der alles verwandeln kann.«
Omraam Mikhael Aivanhov

Gut genug

Ich kenne viele Menschen, die am Abend häufig unzufrieden sind. Sie denken: Hätte ich mich doch anders entschieden. Wäre ich doch im Gespräch mit meinem Sohn, mit meiner Tochter freundlicher, achtsamer, klüger gewesen. Vor lauter »hätte« und »wäre« kommen sie nicht zur Ruhe. Und sie bleiben dabei stehen, das, was sie getan und erlebt haben, zu bewerten – meistens mit: »nicht gut genug«. Es hätte viel besser sein können. Sie haben den Anspruch, in jedem Gespräch ganz präsent zu sein, sich ganz auf den anderen einzulassen. Aber das Leben ist eben oft nicht so.

Zufriedenheit heißt für mich: Ich kann akzeptieren, was war. Aber zugleich halte ich das, was war, Gott hin. Und ich vertraue darauf, dass er das Vergangene, auch wenn es nicht optimal war, in Segen verwandelt.

Zufriedenheit bereichert

Es ist nicht einfach, unzufriedene Menschen zufriedenzustellen. Umso dankbarer bin ich, wenn ich zufriedenen Menschen begegne. Von ihnen geht Frieden aus. Mit ihnen kann man gut sprechen. Und im Gespräch kommt man dann auf wichtige Themen. Das Gespräch mit zufriedenen Menschen beschenkt und bereichert einen selbst. Das Gespräch mit einem unzufriedenen Menschen erzeugt dagegen in uns oft ein Gefühl von Ärger, von Aggression oder auch von Zweifel und Verunsicherung.

Vor der Unzufriedenheit anderer muss ich mich schützen. Sonst werde ich von ihr angesteckt. Und nur wenn Zufriedenheit von mir ausgeht, werden meine Worte den anderen erreichen.

Ein Segen

Ich bin neulich bei einem Vortrag in einer Kirche einem alten Mesner begegnet. Er strahlte diese Zufriedenheit aus. Er begrüßte freundlich die Menschen, die in die Sakristei kamen und nach einer Toilette suchten. Er erzählte fröhlich und voller Liebenswürdigkeit von den Menschen in seiner Gemeinde. Er freute sich, dass auch am Werktag dreißig Menschen in den Gottesdienst kommen.

Dieser freundliche und zufriedene Mesner strahlte auch eine Weisheit aus. Ich spürte, dass dieser Mann niemanden verurteilt, dass er offen ist für alle Menschen, für die Einheimischen mit ihren Eigenheiten und für die Fremden und Flüchtlinge. Weil er zufrieden ist mit seinem Leben, geht von ihm auch Zufriedenheit aus, die jedem, der ihm begegnet, guttut.

Die Zufriedenheit, die dieser alte Mann ausstrahlte, war vermutlich errungen durch manche Schwierigkeiten, die er durchlebt hat, durch

manche Krankheit, die er durchlitten hat, durch manche Enttäuschung und Verletzung. Aber er hat sich von allem Schweren nicht niederdrücken lassen. Er hat Ja zu seinem Leben gesagt. Und so ging von ihm eine Zufriedenheit aus, die nicht aufgesetzt, sondern authentisch und echt war. Solche zufriedenen Menschen sind ein Segen für ihre Umgebung.

Einverstanden mit dem Leben

Eine meiner Tanten hat im Krieg ihren Mann verloren. Nach dem Krieg musste sie allein den Bauernhof bewirtschaften. Dann heiratete sie den Knecht, den sie angestellt hatte. Nach einigen Jahren starben zwei ihrer Kinder an Krebs beziehungsweise Leukämie. Trotzdem blieb sie eine fröhliche Frau voller Lebenslust.

Als ich sie fragte, wie sie trotzdem diese Zufriedenheit ausstrahlen könne, antwortete sie: »Jeder muss sein Kreuz tragen.« Sie hat nicht rebelliert gegen ihr Schicksal. Sie hat es angenommen als das Kreuz, das Gott ihr aufgeladen hat.

Das Wort vom Kreuztragen hatte nicht den Geschmack von Resignation, sondern von innerem Frieden und von Einverstandensein mit dem Leben. Ihr Glaube hat ihr gesagt, dass es das Kreuz gibt. Sie hat sich das Kreuz nicht ausgesucht. Aber als es sie traf, hat sie es angenommen als eine Herausforderung. Und sie ist daran gewachsen. Sie war trotzdem zufrieden mit ihrem Leben. Und diese Zufriedenheit hat sie ausgestrahlt. Man hat sich gerne mit ihr unterhalten. Eine starke Lebensbejahung ging von ihr aus.

Die Zufriedenheit mit dem Leben ist offensichtlich nicht abhängig von dem, was die Menschen erlebt haben, sondern von der Art und Weise, wie sie das Erlebte heute sehen und interpretieren. Und es ist unsere Entscheidung, wie wir auf unser vergangenes Leben schauen, ob mit Verbitterung oder mit Dankbarkeit.

Die Vergangenheit können wir nicht mehr verändern. Sie ist vorbei. Aber wir können uns entscheiden, wie wir auf unser vergangenes Leben und wie wir auf unsere gegenwärtige Situation schauen. Wer mit einem zufriedenen Auge darauf sieht, wird sich anders erleben als der, der immer nur jammert und sich vom Schicksal benachteiligt fühlt.

Die Weisheit Gottes

Wie die frühen Mönche, so mahnt uns auch der Philosoph Epiktet, uns den Tod täglich vor Augen zu halten: »Das wird dich vor kleinlichen Gedanken bewahren und vor übermäßigen Begierden.« Die Mönche begründen den täglichen Gedanken an den Tod damit, dass man dann ganz im Augenblick und bewusst lebt. Für Epiktet befreit uns der Gedanke an den Tod von kleinlichen Gedanken. Wir sehen unser Leben dann so, wie es wirklich ist. Und wir ordnen es ein in den großen Zusammenhang der Geschichte. Unser Leben ist begrenzt. Und wir haben Ja zu sagen zu diesem begrenzten Leben. Dann wird es ein Segen sein für andere.

Epiktet fordert uns auch auf, richtige Vorstellungen von Gott zu haben oder von den Göttern, wie er schreibt: »Man muss wissen, dass sie wirklich vorhanden sind und die Welt gut regieren. Dich selbst musst du gewöhnen, ihnen zu gehorchen und dein Schicksal gern zu ertragen, in der

Überzeugung, dass es einem weisen Ratschluss entspringt. Dann wirst du die Götter niemals tadeln oder ihnen Vorwürfe machen, als kämest du zu kurz.«

Wenn wir im Vaterunser beten: »Dein Wille geschehe«, dann entspricht das dieser Haltung, sich auf Gottes Willen einzulassen. Dann sind wir zufrieden mit unserem Leben. Allerdings liegen auf dem Weg dorthin durchaus Rebellion und Gefühle von Zweifel, Wut und Traurigkeit. Wir sollen, so meint Epiktet, immer an die Weisheit Gottes denken, die unsere Gedanken übersteigt. Wir sollen vertrauen, dass alles der Weisheit Gottes entspringt, dann können wir uns mit dem aussöhnen, was ist.

Wir dürfen unser Schicksal nicht ständig infrage stellen. Es ist so, wie es ist. Wir sind Teil des Ganzen. Wenn wir zufrieden sind mit unserem Leben, so wie es ist, dann geht auch von uns Frieden aus in die Welt und wir leisten unseren Beitrag zur Verwandlung dieser Welt.

Gottes Bild von mir

Eine Ursache unserer Unzufriedenheit liegt in den Bildern, die wir von uns haben. Viele haben das Selbstbild, dass sie immer perfekt, erfolgreich, cool, angepasst und brav sein müssten. Oder sie haben Bilder der Selbstentwertung in sich: Ich bin nicht richtig. Mit mir kann es niemand aushalten.

Gegen solche Bilder der Selbstüberschätzung und Selbstentwertung sollten wir das Bild stellen, das sich Gott von uns gemacht hat. Jeder Mensch ist ein einmaliges Bild, das Gott sich nur von diesem Menschen gemacht hat. Wir können dieses Bild nicht beschreiben. Aber wenn wir im Einklang sind mit uns selbst, dann dürfen wir darauf vertrauen, dass wir in Berührung sind mit diesem Bild.

Dieses Bild, das sich Gott von mir gemacht hat, ist nicht das eines schlechten Menschen, sondern das eines Menschen, durch den Gott etwas von seinem eigenen Wesen, von seiner Liebe in dieser Welt aufleuchten lassen möchte. Es ist also ein positives Selbstbild.

Dieses positive Selbstbild wurde uns in der Taufe deutlich gemacht. Da spricht Gott zu uns: »Du bist mein geliebter Sohn, du bist meine geliebte Tochter. An dir habe ich mein Gefallen.« Es ist ein Wort bedingungsloser Liebe.

Alles darf sein

Und noch ein anderer spiritueller Grundsatz, der uns zum inneren Frieden führt: Verwandlung statt Veränderung. Viele sind nicht mit sich zufrieden. Sie sagen: Ich bin nicht gut. Ich muss ein anderer Mensch werden. Alles muss ganz anders werden in meinem Leben. Sie wüten gegen sich selbst, ändern ständig ihre Lebensweisen, ihre Ernährungsweisen, ihre psychologischen Methoden, damit sie zu einem ganz anderen Menschen werden.

Die Verwandlung ist sanfter. Sie sagt: Alles in mir darf sein. Aber ich bin noch nicht der oder die, die ich von meinem Wesen her sein könnte. Ich halte alles, was in mir ist, Gott hin. Ich verurteile nichts, ich verdränge nichts. Ich halte es Gott hin, in der Hoffnung, dass seine Liebe alles in mir durchdringt und alles in mir verwandelt.

Zufriedenheit lernen

Zufriedenheit kann erlernt werden. Zum Beispiel dadurch, dass wir versuchen, mit dem Gegebenen zufrieden zu sein. Das ist nicht immer einfach. Denn es gibt in uns die Tendenz, immer gerade nach dem zu verlangen, was uns fehlt.

Wenn wir diese Tendenz in uns wahrnehmen, gilt es, immer wieder zu sagen: Ich denke nicht an das, was ich nicht habe. Ich danke für das, was ich habe und was ich bin.

Mit dem Gegebenen zufrieden sein bedeutet nicht Resignation oder Stillstand. Die dankbare Zufriedenheit ist durchaus offen für das Neue, das sie auch dankbar annimmt. Aber sie ist vor allem dankbar für das, was ist. Und das schenkt ihr inneren Frieden. Aus diesem Frieden heraus kann dann Neues entstehen.

Reichtum der Seele

Zufriedenheit will also gelernt sein. Davon kündet zum Beispiel ein Sprichwort aus Friaul: »Das Haus der Zufriedenen ist noch nicht gebaut worden.« Es gilt, ein Haus zu bauen, in dem wir zufrieden sind. Doch die meisten Menschen wohnen lieber in Häusern der Unzufriedenheit. Doch es lohnt sich, dieses Haus der Zufriedenheit zu bauen. Denn, so sagt ein Sprichwort aus Frankreich: »Zufriedenheit ist wertvoller als Reichtum.«

Das Haus der Zufriedenheit zu bauen, ist wertvoller, als eine große Villa zu bauen mit vielen Räumen, die aber voller Unzufriedenheit sind. Wenn wir mit Reichtum unsere innere Leere zudecken wollen, wird er uns nicht zur Ruhe führen. Jesus lenkt unseren Blick auf den inneren Reichtum unserer Seele, auf den Schatz im Acker, auf die kostbare Perle in uns. Wenn wir sie finden, dann finden wir Ruhe, dann sind wir zufrieden.

Wahrhaft zufrieden

Wir haben erkannt, dass wir Zufriedenheit nicht isoliert betrachten können. Zu einem gelingenden Leben gehören Dankbarkeit, Unabhängigkeit, Genügsamkeit, Einfachheit und Klarheit. Entscheidend ist, dass wir diese Haltungen nicht als Forderungen sehen, die wir absolut erfüllen müssen. Es sind vielmehr Haltungen, die uns Halt geben in unserem Leben. Sie sind in uns angelegt. Indem wir innehalten, entdecken wir in unserem Inneren diese Haltungen. Und wir sind dankbar, wenn wir sie als Weg erkennen zu einem erfüllten und zufriedenen Leben.

Aber wir erkennen in uns nicht nur die Haltungen, die uns Halt geben. Wir entdecken in uns immer auch die Tendenz, gegen diese Haltungen zu leben oder sie zu vergessen. So ist auch die Haltung der Zufriedenheit kein Halt, der wie ein Betonpfeiler unbeweglich in unserem Leben steht. Sie ist vielmehr wie ein Baum, der tief verwurzelt ist in unserer Seele. Aber der

Baum wiegt auch hin und her im Wind. Er wird manchmal gebeugt durch einen Sturm. Aber er richtet sich dann wieder auf.

Die Mönche haben das Bild des Baumes geliebt. Sie sagen, die Versuchungen sind wie ein Sturm, der unseren Baum zwingt, seine Wurzeln tiefer in die Erde einzugraben. So wird auch die innere Zufriedenheit ständig von den Stürmen des Lebens infrage gestellt. Sie muss sich bewähren mitten im Versagen, das genauso zu uns gehört wie das Gelingen.

So ist die Zufriedenheit mehr als eine Charaktereigenschaft. Sie ist letztlich das Ergebnis eines spirituellen Weges, auf dem ich mich innerlich befreie von den Maßstäben der Welt und den inneren Raum des Friedens in mir entdecke, der auf dem Grund meiner Seele schon in mir vorhanden ist. Wenn ich mit diesem Raum des inneren Friedens und der Stille in mir in Berührung bin, dann bin ich wahrhaft zufrieden.